了不起的故宫
神秘大怪兽

有鱼童书　著/绘

化学工业出版社
·北京·

图书在版编目（CIP）数据

神秘大怪兽 / 有鱼童书著、绘 .—北京：化学工业出版社，2020.10（2023.5重印）

（了不起的故宫）

ISBN 978-7-122-37473-8

Ⅰ. ①神… Ⅱ. ①有… Ⅲ. ①故宫 - 北京 - 少儿读物 Ⅳ. ① K928.74-49

中国版本图书馆 CIP 数据核字（2020）第 139652 号

责任编辑：张　曼　龚风光　　　　　内文设计：朱廷宝
责任校对：宋　玮　　　　　　　　　封面设计：尹琳琳

出版发行：化学工业出版社（北京市东城区青年湖南街 13 号　邮政编码 100011）
印　　装：天津市银博印刷集团有限公司
787mm×1092mm　1/16　印张 6¼　字数 100 千字　2023 年 5 月北京第 1 版第 10 次印刷

购书咨询：010-64518888　　　　　　　售后服务：010-64518899
网　　址：http://www.cip.com.cn

凡购买本书，如有缺损质量问题，本社销售中心负责调换。

定价：39.80 元　　　　　　　　　　　　　　　　　版权所有　违者必究

名家推荐

"了不起的故宫"系列富有知识性和趣味性,当孩子们打开这套书时,那些枯燥的建筑和历史知识立刻变得立体和鲜活起来,变得有品质、有趣味、有美感,我们可以把故宫带在身边啦!

——国家"五个一工程"奖、全国优秀儿童文学奖、国家图书奖、冰心儿童图书奖获得者,著名童书作家 王一梅

故宫不仅是一座古老的宫殿,更是中华文化的至宝,它穿越时空,沉淀丰富的文化和生活细节。"了不起的故宫"系列专门为青少年量身打造,通过有趣的故事和知识播种文化的种子,激发孩子对传统文化的热情。

——国家"五个一工程"奖、全国优秀儿童文学奖、国家图书奖、宋庆龄儿童文学奖、冰心儿童图书新作奖获得者,著名童书作家 冰波

故宫是中国最大最美的建筑宝库,中国人的营造智慧中充满了永不过时的哲学和思想。故宫的红房子里还藏着无数秘密,历史的秘密、皇帝的秘密、奇珍异宝的秘密、怪兽的秘密……这套书就像福尔摩斯,带着我们去侦破秘密。

——中国作家协会散文委员会委员,人民文学奖、朱自清散文奖获得者 蒋蓝

故宫不仅是一座宫殿,也是一部中华文明史。故宫不仅年老,也很年轻。故宫不仅是文化专家研究的殿堂,也是青少年学习的宝藏。故宫不仅是中国的,也是世界的。"了不起的故宫"系列做了一件了不起的事!

——全国宣传思想文化青年英才、讲好中国故事专家 孙敬鑫

故宫是一座神奇的建筑群,"了不起的故宫"系列精心再现昔日故宫的建造故事,有颜有趣有料,好看好读好玩!

——著名摄影家、《看不见的故宫》作者 李少白

600个春秋,72万平方米的广阔空间,近9000间房子,180余万件馆藏文物,面对如此巨大而丰富的故宫,你的探索之旅准备从哪里启程呢?"了不起的故宫"系列提供了这样的可能:和"样式雷"一起画图纸盖房子,围观皇帝一天的生活,寻找藏在建筑里的神兽,欣赏藏在宫殿里的大宝贝,看工匠们搬木材、运石头、建皇宫,还可以一起过个热闹的中国节。我相信,不只是孩子们能够从书中找到解开故宫密码的钥匙,家长们也能发现红墙黄瓦间不一样的风景。那就带上这套书,一起去故宫吧!

——考古学博士、艺术史专业博士后、中央美术学院教师、《国家宝藏》国宝守护人 耿朔

翻开"了不起的故宫"这套专为孩子量身打造的故宫百科,宛如一双稚嫩的小手推开紫禁城厚重的朱漆大门,进入穿越时空的门洞。故宫俯下身来为孩子讲述奇妙的故事,破解有趣的谜团,打开好玩的百宝箱,送上惊喜的礼物。"博物馆奇妙夜"的创意和"我在故宫修文物"的匠心,让收藏在禁宫里的文物活起来,给未来种下一颗有温度的"中国芯",静待花开会有期!

——故宫博物院博士后 池浚

前 言

故宫里有一群神秘怪兽

你去过动物园吗？想一想，你在动物园里见过哪些动物？凶猛的老虎、威武的狮子、美丽的孔雀、机智的鹦鹉……

这些大大小小的动物一定给你带来了一段欢乐的时光吧？你有没有冒出这样的想法：将动物园搬到家里来，和这些可爱的动物朋友们长久地生活在一起？

在中国古代真的有人将"动物园"搬到了家里，这个大胆的人就是住在紫禁城里的皇帝。所以，故宫不仅是辉煌壮观的大宫殿，还是一个大型"动物园"。这里的动物数量多到让你惊叹，你需要拿着计算器才能勉强算出大概数字。

更让人大开眼界的，是故宫丰富的动物种类，这里不仅有你在动物园里看到的飞禽走兽，还有很多来自古老神话传说中的神秘怪兽。这些怪兽长相奇特，性格不同，喜好也不同，有的喜欢独来独往，有的喜欢成群结队，有的喜欢站在高处，有的喜欢趴着，有的喜欢蹲着……

怪兽们威力无穷，具有神奇的本领。于是，皇帝就将它们请进了皇宫，并且根据各自的特点，分别安排了不同的工作——有的当上了消防员，有的当上了防雷卫士，还有哨兵、保安、法官、翻译官、仪仗官等。

从此，怪兽们便在这个"天下第一大家庭"里安了家，和皇帝一家人愉快地生活在一起。它们和谐相处，认真工作，共同担起了守护皇帝、皇后、小皇子和小公主们的重要职责。这期间，发生了许多有趣的事情，甚至还经历了惊险的故事。

现在你的小脑袋里是不是装满了问题？比如，皇宫里都住着哪些怪兽，它们是怎么来到皇宫的？怪兽们有什么神奇的本领，又是如何工作的？它们身上发生了哪些有趣和惊险的故事呢？

别着急，只要打开手里的这本书，你想要的答案都能找到。

目 录

壹 神兽里的王者——龙

龙为什么是皇帝的象征　　　　　　04
皇宫里的龙长得一样吗　　　　　　06
太和殿里藏了多少条龙　　　　　　08
皇帝的龙袍到底多难做　　　　　　10
九龙壁上最尊贵的龙　　　　　　　14

贰 皇宫里的守门神

皇宫里来了个西域怪兽　　　　　　20
太和门狮子为何爱上一头卷发　　　24
椒图为什么喜欢趴在门上　　　　　26
敢管皇帝的"大嗓门"　　　　　　28

叁 屋脊怪兽小分队

为什么屋脊上站了一排小怪兽	32
最厉害的消防员正吻	36
骑凤仙人到底是谁	38
忠勇吉祥的海马	40
会飞的天马	43
"兴风作雨"的狎鱼	46
比狮子凶猛的狻猊	48
公正的"法官"——獬豸	50
斗牛是牛吗	52
雷神的化身"行什"	54
警惕的"哨兵"嘲风	56

肆 神兽的母亲——凤

凤什么时候成了皇后的象征	62
一个敢让"凤在上,龙在下"的人	64
凤冠里藏着什么秘密	66

伍 怪兽动物园

形影不离的好朋友:龟与鹤	72
像长颈鹿的神兽究竟是什么	76
宫里的翻译官甪端	79
老实憨厚的"仪仗官"大象	81

写给孩子的话	87

壹

神兽里的王者——龙

怪兽图谱：龙

尊贵的龙，象征着皇帝和皇权。据说，龙作为神兽，还有镇火的神奇力量，能走，能飞，能游泳，能翻江倒海，吞风吐雾，兴云降雨。

怪兽身份：皇帝的象征，怪兽之王

角像鹿角，寓意社稷平安、富贵长寿

颈像蛇，灵活柔软

耳朵像牛耳，寓意名列魁首

爪像鹰爪，象征威猛

腹部像一种名为蜃的大海怪的肚子，十分神秘

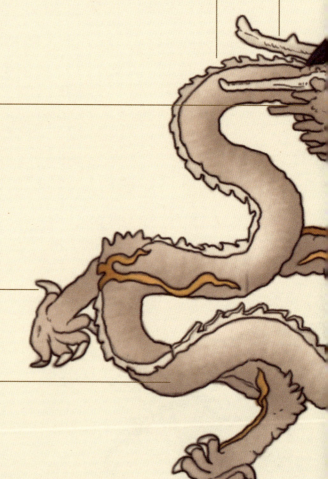

龙与皇帝

龙成为皇帝的象征后，皇帝的身体被称为"龙体"，皇帝穿的衣服叫"龙袍"，皇帝坐的椅子叫"龙椅"，皇帝睡的床叫"龙床"。皇家考场，还有个更有趣的名字，叫"龙门"，古代传说"鲤鱼跳龙门"就用小鲤鱼象征考生，跳过"龙门"表示通过皇家考试，可以做大官了！

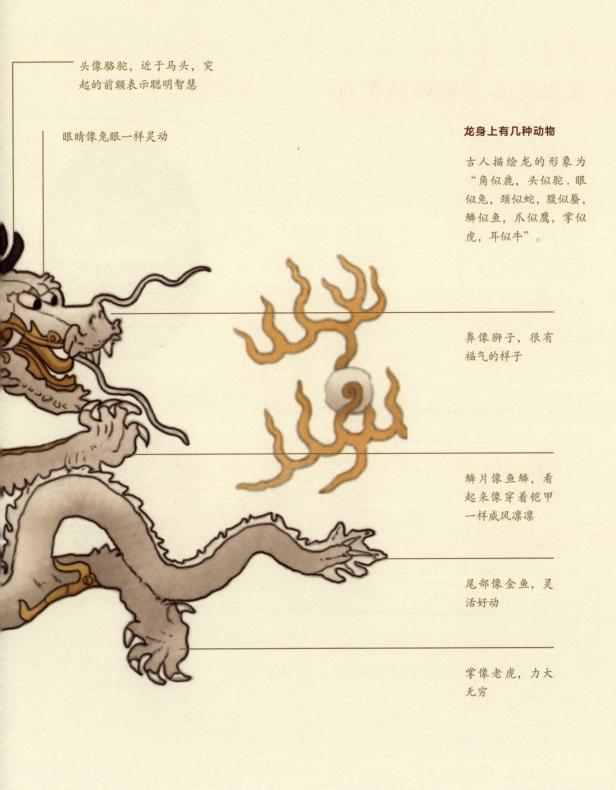

头像骆驼,近于马头,突起的前额表示聪明智慧

眼睛像兔眼一样灵动

龙身上有几种动物

古人描绘龙的形象为"角似鹿,头似驼,眼似兔,颈似蛇,腹似蜃,鳞似鱼,爪似鹰,掌似虎,耳似牛"。

鼻像狮子,很有福气的样子

鳞片像鱼鳞,看起来像穿着铠甲一样威风凛凛

尾部像金鱼,灵活好动

掌像老虎,力大无穷

龙为什么是皇帝的象征

在古代中国人的心目中，皇帝是"真龙天子"，皇帝的子孙被称为"龙子龙孙"，凡是跟皇帝有关的人和物品都离不开龙。

大自然中有各种各样的怪兽，威严的老虎、凶猛的狮子等，可为什么要用大家没有看见过的龙来代表皇帝呢？难道这里藏着什么秘密吗？

这个秘密还要从几千年前说起。考古学家发现，当龙的图案最早出现在装饰物上的时候，那些龙既不威武高贵，也没有什么特别之处，看起来更像是一条委委屈屈的小蛇，"匍匐"在玉佩、腰带等装饰物上面，随便什么人都可以用。

而到了炎黄二帝时期，龙的形象就不再像蛇那样匍匐在地上了，而是体形健壮，能够凌空飞翔。为什么呢？这要从一个关于龙和黄帝的传说说起。

相传，上古的黄帝是一位明君，在位时为百姓做了很多好事，深受人们的爱戴。他还是一个喜欢搞发明制造的人，晚年采集了大量的铜来制鼎。当第一个大鼎铸造好后，忽然有一条金光闪闪的龙从天空飞下，悬停在半空中，垂下几条龙髯，黄帝和大臣们都非常惊奇。

龙纹形态

明、清两代是龙纹装饰的全盛时期，龙的体态有较多变化，常见有云龙、戏珠龙、海水龙、螭龙、行龙、立龙、正面龙、侧面龙、夔龙等。

更令人惊奇的是，这条龙还会说话，它慢慢靠近黄帝，说："上天看到你为百姓做的事情很高兴，派我带你升天去觐见天帝。"黄帝听到后，就顺着龙髯骑上龙背，往天上飞去了。

大臣们也想跟上去，但都没成功爬上龙背，最后这条龙只带着黄帝飞向天空，不久就消失在云雾中。一位大臣看着消失在天空中的龙和黄帝，若有所思地说道："并不是每个人都能骑上龙背啊，只有像黄帝那样伟大的人，才有资格呢。"

因为黄帝乘龙升天的传说，人们对龙十分崇拜，认为龙神通广大，具有通天的本领，所以龙的形象开始变得高大起来。

两千多年前的汉朝，汉高祖刘邦当上了皇帝，为了表示自己血统高贵，拥有当皇帝的合法性，平民出身的他，宣称自己的父亲是条神龙，自己是"龙种"。

虽然这是刘邦为了抬高自己的出身编的故事，但这个说法得到了后世皇帝们的追捧，大家纷纷效仿刘邦，将自己的出身与龙联系在一起。后来就有传说，唐太宗李世民出生时，天上有双龙盘旋的天象。

这些传说，使神秘的龙拥有了神圣和威严性，科学知识不够丰富的古代人更加相信皇帝就是龙的化身。你看，原本不起眼的龙，因为这些神秘的传说，地位来了个华丽大转身，代表了至高无上的权力。

皇宫里的龙长得一样吗

皇宫里最多的怪兽肯定非龙莫属啦。虽然现在故宫里已经没有皇帝了,但龙的身影依然随处可见,从高高的屋顶到低头看到的路面,就像是进入了一个龙的世界,它们长得是一样的吗?

故宫的大门、屋脊、桥梁、殿堂,皇帝家使用的家具、钟表、文具、餐具、衣服,甚至是皇帝路过的丹陛御道上,都能看到龙神气的模样。但这些龙的模样和神态可是不一样的,有的威风凛凛,有的高贵傲慢,有的活泼好动,还有的看着可爱调皮,看起来性格也不一样呢。

故宫里的龙成千上万,数量最多的要算那些宫殿周围石栏杆上的望柱石刻上的了。这些石柱上雕刻着无数栩栩如生的龙凤浮雕。太和殿三层基台的石栏杆,有柱头1400多根,上面那些姿态生动的龙数都数不清,望柱下面也有同样多的石刻龙头排水,下大雨的时候能够呈现"千龙吐水"的场景,那场面可壮观啦!除了太和殿,故宫里其他宫殿、亭台、楼阁、宫门、石桥也有无数这样的望柱和龙头呢。

在故宫里,还有专门的龙壁,上面更是雕刻着各式各样的龙,这些龙壁有单龙壁、三龙壁、五龙壁和九龙壁等。而皇极殿前的九龙壁更是气派得不得了,这些龙就像调皮的小

朋友，有的向上看，有的向下看，身体扭来扭去，张牙舞爪，在云水中间翻腾嬉闹，组成一幅精美的蛟龙闹海的画面。

故宫的宫殿里有很多华丽精美的彩画，每一幅都称得上是艺术珍品。这些彩画当中，龙也是无处不在的。如果你们细心观察，就会发现，彩画的中心部位常常是金黄色的二龙戏珠图，中间是一颗宝珠，两条龙分别在左边和右边追赶嬉闹，极为生动。

故宫里的家具上，龙更是随处可见。可这些龙长得还不太一样呢。明代家具上的龙，脖子细，脑袋比较小，而清代的家具上，龙变得越来越胖，龙眉朝下，龙尾特别长，龙的额头上呈现出一种圆形鼓包样凸起，人们称为"七朵梅花包"。再晚一些的龙，鼻子特别大，俗称肿鼻子龙。

故宫有那么多龙，它们长得还不一样，那么，哪个地方的龙最好看呢？这就要说到雨花阁的龙啦。

雨花阁是佛堂，它长着一张既像汉族又像藏族的"面孔"，它的屋顶是独特的四角形，每条垂脊上都趴着一条3米长栩栩如生的铜鎏（liú）金行龙。正午的阳光照耀下来，四条金光闪耀的巨龙仿佛在屋顶腾空欲飞，好看极啦！清朝制造这金龙和佛堂顶上的宝塔，用掉了整整500公斤铜呢。

相传每当皓月当空，皇帝一家人进入梦乡的时候，四条龙便会从雨花阁上飞下来，去喝大铜缸里的水。即使暂时不飞，它们的影子，也会投射在长春宫的院子里，仿佛在甜美地沉睡。

太和殿里藏了多少条龙

考你一个问题,故宫是龙的世界,你知道它在哪座宫殿出现得最多吗?

答案是:故宫里最雄伟恢宏的宫殿——太和殿。太和殿里的龙多到数不清,必须得准备一个计算器来帮助你数龙。

现在,我们进入太和殿,拿出计算器,开始一条条地数龙:请先抬头向上看,大殿的正上方,正中间藻井盘踞着一条黄金巨龙,巨龙口中含着避火宝珠,威风凛凛地看向皇帝的宝座,它的周围还围绕着16条小龙。

再往下,太和殿正中皇帝的宝座上,镌刻着9条立体的金龙,既生动美观,又气势非凡。宝座后面的屏风上面,装饰着各式各样的龙纹图案,有二龙戏珠、正龙、升龙、降龙等,一条条数下来,整块宝座区域有400多条龙。

在龙椅宝座东西两边,分别矗立着三根两个人方能合抱的大柱,这就是大名鼎鼎的蟠龙金柱。这六根金柱又粗又壮,每个金柱上面都飞腾着一条巨龙。巨龙的身体缠在柱上,昂着龙头,张开胡须,东面柱子上的龙面朝西,西面柱子上的龙面朝东,都朝向皇帝。柱子下面是海浪的图案,看起来就像是一条条巨龙凌空飞翔。

这些龙的雕刻可不一般,用的是当时最先进的"沥粉贴金"

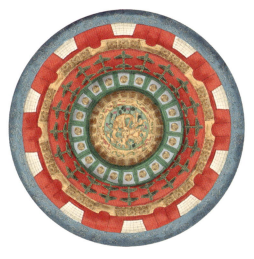

藻井

藻井是建筑物室内天花如穹隆状的装饰,用于较重要的殿宇。通常位于室内的上方,呈伞盖形,由细密的斗拱承托。其形式通常由方井、八方井、圆井层层叠垒而成。清代的藻井正中多雕有蟠龙,口衔宝珠。

工艺,龙身上的鳞片都是凸出来的。长长的龙身缠绕在大柱上,威武又生动。

殿堂内的天花板上也都画满了金龙图案,周围的东西北三面墙上,分别装饰了300多条金龙,如果你观察得够仔细,就会发现这些龙的目光都是朝向一个地方,那就是宝座上的皇帝。这个画面就是壮观的"万龙朝宗"景象,显示了"真龙天子"的威仪。

看到这些光彩夺目的龙,是不是已经眼花缭乱啦?现在咱们来算算一共有多少条龙吧!太和殿顶屋脊及瓦当、滴水等共有龙纹2632条,外檐额枋及门窗彩绘(包括饰件)共有龙纹5732条,殿内檐及殿内天花板上共有龙纹4037条,殿中金柱、藻井、宝座、屏风及陈设上共有龙纹609条,殿内墙壁及暖阁门罩等共有龙纹542条,总数高达13500多条。如果算上殿外的龙,那就更多啦,都接近15000条啦。

如果小读者喜欢画龙,每天画一条的话,画完太和殿内外的龙得需要40多年。而且,这个数字可能还是专家们不完全的估算,真正准确的数字要等着你们长大后揭开谜底呢。

太和殿金龙藻井

太和殿里的金龙藻井,是我国古建藻井中的佳作。它位于皇帝所坐的髹金漆云龙纹宝座前上方天花中央。藻井上圆下方,寓意"天圆地方"。普通大殿的"藻井"只有一层,金龙藻井高近1.8米,分为上中下三层,最下面一层为"方井",井口直径近6米,中层为八角井,上层为圆井。金龙藻井穹隆圆顶内,盘卧着一条气势威严、栩栩如生的金色巨龙,龙头倒悬,口中衔一个铜胎中空、外涂水银的宝珠,俯视下方。这颗宝珠名为"轩辕镜",是传说中的避火神器。此外,"藻"取华丽之义,"井"指形状像井。古人安装"藻井"是希望能够避火。

神兽里的王者——龙

皇帝的龙袍到底多难做

你知道制作一件皇帝的龙袍要花多长时间吗？答案是要近千人花两三年才能做好，最慢的时候，一天只能织1厘米！天哪，真是难以想象，这是为什么呢？

因为龙袍的要求太严格了，别的不说，就说看起来最简单的龙袍锦缎，明朝的时候，龙袍用江苏南京质量最好的一种叫"云锦"的丝织物，仅仅是织锦的机器，就长5.6米、宽1.4米、高4米，像一个小屋子那么大，由1924个零件组成，机器上面坐一个人拉一条线，下面坐一个人拉一条线，用两条线组合，做普通的衣服，一天也只能织5厘米，做龙袍的锦缎，要求更高，一天只能织1厘米！

这才刚刚开始！锦缎做好了，织工们还要在上面绣上九条奔腾欲飞的大龙，无数珊瑚、元宝等寓意国家昌盛的花纹，一件龙袍上的金龙，会用8000多米长、直径只有0.1毫米的捻金线织成，龙鳞会用400米长、同样特别细的孔雀羽线织成，穿在身上，金龙随着阳光一闪一闪的，好像龙活了一样！

这样一来，仅凭几个人，是无论如何也做不完了，做龙袍需要一个庞大的团队。清朝时做一件鹅黄缎细绣五彩云水金龙袍，要近千人的团队协作，26个人负责画草稿，608个绣工相互配合——有人负责织锦，有人负责绣龙，有人负责绣花边，要加上好多珊瑚珠，还有285个人做各种刺绣的辅助工作，即使如此，也要两年多才能完工。

鹅黄缎细绣五彩云水全洋金龙袍在当时的手工费就已经高达392两白银。有钱人家小姐每个月的月钱也就2两银子，农村家庭一年的花销也不到20两银子，一件龙袍的手工费，就够普通的农村家庭过上20多年了。

到了过年的时候，皇帝接受大臣行礼时要穿一套龙袍，举行庆祝活动时要换一套龙袍，回宫和皇后妃嫔吃团圆饭的时候再换一身龙袍，一天要换好几次衣服，近千人辛辛苦苦做了两三年的衣服，大臣们还没看够，就换下来了。

那么，这么难做的衣服，怎么洗呢？皇帝的回答很干脆：不洗！

原来，复杂的刺绣沾水就会变形，比如金龙，就不能一闪一闪的了。皇帝穿过的龙袍，太监宫女们只能简单清理一下收起来，明年接着穿。如果龙袍旧了变形了，就不要了，但是如果有任何人想把皇帝不要的龙袍偷偷藏起来，被发现就是谋反大罪，所以，流传至今的龙袍少而又少，非常珍贵。

龙袍上都有什么

龙袍上神秘的十二章纹,分别为日、月、星辰、山、龙、华虫、黼(fǔ)、黻(fú)、宗彝、藻、火、粉米等吉祥图案。

●月代表宁静

●日取其照临昭明

龙袍上一共多少条龙

四条正龙,绣在龙袍最显要的位置,前胸、后背和两肩,一眼就能看到。

四条行龙,位于前后衣襟的部位,这样,无论你在皇帝的前面还是后面,都会看到五条龙。

还有一条龙藏在龙袍里面的衣襟上,要掀开外面的衣襟才能看到,一般人谁敢去掀皇帝的衣服,所以看不到啦。

答案是一共九条龙。

龙
- 龙取其善变化

华虫
- 华虫取其文章和耿介

黻
- 黻纹是由两个相反的"弓"字构成,取善恶相背之意,象征明辨是非,是明理的表现

星辰
- 星辰普济天下、昭示吉凶

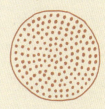

粉米
- 粉取洁白,米取能滋养

黼
- 黼纹如一把利斧,表示刚健果断,雷厉风行

藻
- 藻取其文

火
- 火,温暖四周,激情向上

山
- 山取其能兴云雨

宗彝
- 宗彝取其威猛和忠孝

九龙壁上最尊贵的龙

清朝中期,乾隆皇帝因为年龄渐渐大了,给自己制订了一份退休计划表,计划表中的第一件事,就是改造宁寿宫。

乾隆皇帝亲自画了一张建筑设计图,工匠们依照设计图进行改造。改造后的宁寿宫完全就像是一个缩小的紫禁城,其中皇极殿酷似太和殿,养性殿更是养心殿的翻版。这些建筑里最引人注目的还数皇极门的照壁,叫九龙壁。

这块墙壁上一共雕刻着九条张牙舞爪、活灵活现的龙。当我们站在皇极殿前南望,透过两道宫门,正对着视线的是一条明黄色琉璃瓦打造的"金龙"。这条龙的前爪做环抱状,后爪分开海水,将火焰宝珠托于头下,看起来威风凛凛,尊贵无比。

有趣的是,无论从左还是从右数,这条龙都排在第五位,这也是九龙壁正中位。所以说,这个中间的第五条龙就是九龙壁上真正的王者。

中国古代把皇帝称为"九五之尊",这是因为阳数之中,九是极数,五则居中。"九五"之制就成了天子之尊的重要体现,自然要把第五条龙当成最尊贵的"金龙",代表皇帝本人。

那么在最尊贵的金龙左右的八条龙分别代表了谁呢?

原来,这八条龙象征着和皇帝一起开拓疆土、忠心耿耿护卫皇帝的满族八旗子弟。这八条龙的色彩也和"八旗"的色彩统一，均是黄、白、红、蓝。色彩不同，神态也各异，白龙是"升龙"，刚猛雄壮；蓝龙是"降龙"，温文尔雅，但它们都有太平盛世中群贤共济的美好寓意。同时，九龙壁上还游弋着很多小龙，壁顶正中有一条端坐的龙，两侧各有四条行龙，就连屋脊的装饰，也是排列整齐的小龙呢。

这块九龙壁高3.5米，长29.4米，有整整一层楼那么高，那么长。整面墙壁以海水为背景，以高浮雕的方式，雕着游龙、海浪、山石和浮云，龙和图案最高部位高出壁面20厘米，像是随时要从墙壁中飞出来。它们可是用琉璃瓦烧制而成的，上面还藏着一个不易察觉的小秘密呢。

原来，当初制作九龙壁的时候出现了一段小插曲。在九龙壁要交工的时候，有一位工匠失手打碎了一块琉璃瓦件，琉璃瓦的烧制相当繁复，要花费很多时间，而这个时候重新烧制已经来不及，如果延误工期，大家都要受罚。

于是，一位工匠就做了一个大胆决定：用雕好的木头刷上漆，染成琉璃色，代替琉璃瓦！由于工匠技艺精湛，这块木头竟然混过所有官员的眼睛，最后连乾隆皇帝都没有发现。直到几百年后，经过风吹雨打，木头表面的琉璃色油漆褪色掉落，人们才发现其中的奥秘。那么，你发现这块与众不同的小秘密在哪里了吗？

原来，这块冒充琉璃的木头就在东边第三条白龙的肚子上。

位于宁寿宫区皇极门外的九龙壁

贰

皇宫里的守门神

皇宫里来了个西域怪兽

将近两千年前的一天,西域的月氏国王派使者出使大汉朝,向当时的皇帝汉章帝进贡了一只"大怪兽"。汉朝的人从未见过这样的动物,皇帝和大臣们都非常好奇。

这只大怪兽被关在一个大笼子里,身上卷着金毛,眼睛像铜铃一样大。它时不时张开血盆大口,发出震耳欲聋的吼声。那声音简直夺人心魄,不少人吓得压根不敢靠近笼子。

这只"大怪兽"到底是什么呀?原来,这是一头大狮子。只不过当时的皇帝和大臣没有见过狮子,所以根本不认识。汉章帝非常喜欢这只威风凛凛的大狮子,好好奖赏了一番使者。于是,第二年月氏国和安息国的使者又向朝廷进贡了两只狮子。从此以后,狮子在中原就越来越多了。

聪明的古人后来就将狮子的形象雕刻描绘到建筑、器物、织品上。不过,这个时候的狮子形象在人们的心中还是十分威严的。

人们干脆用石头雕刻成石狮,或者用铜铸造铜狮子,让它们看守大门,守护平安,狮子就成了当之无愧的守门神,门的左边为雄狮,右边为雌狮。

可是,狮子成为神兽,总不能再张着血盆大口吧。于是,聪明的工匠们为狮子加上了象征吉祥福瑞的"发卷",狮子就变得更漂亮了。

皇宫里最重要的几座大门的守卫任务，也自然落在了第一护卫——威风凛凛的铜狮子身上。那么，故宫里的狮子一共有多少对呢？除了太和门前最大的一对，乾清门、养心门、宁寿门、养性门和长春宫前各有一对。故宫里只有六对狮子，和无所不在的龙比起来，数量真是太少啦。

太和门前面的狮子全身纯铜，气势威严。而其他的五对狮子，身上多了一层鎏金，在阳光的照射下金光灿灿。原来，这几对狮子的铸造年份并不一样，养心门、宁寿门、养性门前的鎏金铜狮是清代造的，在铜狮的胸前或铜座上都刻有"大清乾隆年造"的字样。乾清门和太和门的铜狮没有款识，专家们根据档案和造型，推测是明代铸造的。

再认真看看，你会发现，乾清门前的铜狮怎么眉毛遮眼，耷拉着耳朵呢？据说这是皇帝的一种暗示：过了乾清门，就是皇帝的寝宫，皇帝用狮子半睁半闭的眼睛和耷拉的耳朵暗示后妃，不该听的不听，不该看的不看。

而宁寿门前的铜狮虽然体积不大却造型活泼。铜狮子身体前倾，耳朵又大又薄，脖子上系着两个铜铃、三个璎珞，还有一只可爱的小狮子仰卧在雌狮子脚下玩耍。据说，这个设计也是费了乾隆皇帝的一片苦心呢。退位后居住在宁寿宫的太上皇乾隆，正是想用这幅天伦之乐的画面提醒新皇帝——不要忘了自己这个老爸呀。

我是狮子爸爸，我的脖子上系着响铃，右脚下踩着一个绣球，代表国家社稷，象征着天下一统。

怪兽图谱：狮子

狮子是万兽之王，威力无穷，寓意护卫国家和皇权。

怪兽身份：第一守门神

怪兽性格：不苟言笑、健身迷、忠于职守

太和门狮子为何爱上一头卷发

故宫里有六对狮子，要说最气派、最高大威猛的一对，肯定是太和门前的这一对啦。这对狮子不仅大，它们身上还有着不少秘密呢。

古人相信，有了铜狮子的护佑就会国运昌隆。为了让铜狮子安心在这里工作，紫禁城的设计师们还把它们的孩子"带"来了。

左侧是不苟言笑的狮子爸爸，它脖子上系着响铃，右脚下踩着一个绣球，代表国家社稷，象征着天下一统。右侧是慈祥温和的狮子妈妈，它的左脚下按着调皮可爱的狮子宝宝，象征繁衍子嗣，长长久久。

这对皇家第一守护神高大魁梧，比一层楼的高度还高！现在，该你的卷尺宝物出场了，量一量太和门前的铜狮子究竟有多高。

铜狮子个头足足2.4米，它们蹲坐在高0.6米的铜座之上，通高达到3米。如果加上雕刻精美的汉白玉石座，就是4.3米，差不多两层楼的高度了。太和门的铜狮是故宫，也是全中国最高大的铜狮子了！它们瞪着圆圆的眼睛，审视着所有进出大门的人。

如果小朋友再细细观察，会发现这对铜狮子的头发被"烫成了卷发"。细数下来，每一只铜狮子的头上和身上，都顶着45个发卷。你可别小看这个数字，要是官员家的狮子有45个发卷，这个官员是会被杀头的。

为什么呢？因为，狮子头上和身上的发卷数目显示着主人的地位，具体的数目可是有严格规定的。在各级官衙中，一品官员的官衙等级最高，它门前的石狮头上要刻13个发卷，称为"十三太保"，其他的官衙每低一级，递减1个发卷，即二品12个发卷，三品11个发卷，四品10个发卷，五品、六品都是9个发卷。七品以下的官员府邸门前石狮头上的头卷是不是更少呢？你猜错啦，七品以下是不允许摆放守门狮子的。

皇宫里住着皇帝，狮子头上的发卷当然要大大多于官衙啦。为了显示皇帝"九五之尊"的尊贵地位，太和门铜狮子头上就有了45个发卷。

不光狮子的头发造型有寓意，它的身上也有许多门道。这对铜狮的头和身体是圆形，底座是方形，寓意着中国传统的"天圆地方"。

这对太和门大狮子全身光滑整洁，没有一丝裂缝和焊接的痕迹，铜座上的纹饰也非常精美。它们没有采用鎏金手法，也没有款识，所以专家推测它们铸造于明朝，是用古代失蜡法（也称"熔模法"）整体铸造而成的，非常珍贵。

椒图为什么喜欢趴在门上

在故宫的午门上,左右各有一个酷似龙头的装饰,嘴里衔着门环,这个像龙又不是龙的怪兽,就是传说中龙的第九个儿子椒图。

椒图长着一张龙爸爸的脸,但性格却不像爸爸和哥哥那样张扬,也没有爸爸那样威猛。它像是一个害羞的小男孩,喜欢蜷缩在蚌壳般的巢穴里面,安安静静地待着。遇到敌人侵犯的时候,蚌壳就成为它保护自己的强大堡垒。于是,皇宫里面就请它来衔着门环守卫大门,防止妖魔鬼怪来捣乱。

椒图一个人待在门上多没意思啊,可它不觉得,它最喜欢一个人玩游戏了。传说,椒图喜欢吹泡泡,它吹出来的泡泡,落在大门上,就变成了一个个金色的门钉。

因为椒图性格温和又忠于职守,民间的老百姓也喜欢将它镶嵌在门板上,希望椒图可以镇守家宅。不过,椒图还有一个更重要的作用呢。原来,椒图构成的大门部件叫门铺,也称铺首,是古代中国建筑物的大门装饰构件,位于两扇门的门缝两侧,类似于今天的门把手和门铃。古时候客人拜访主人时,庭院深深,人们就会用手轻叩门环,发出清脆响亮的声音。主人听到后就知道有客人来啦。

是谁想出了这么好的办法呢?传说铺首是木匠的祖师爷鲁

怪兽图谱:椒图

怪兽身份:龙子
怪兽性格:喜静、温和、有责任心

班创造出来的。

有一天，鲁班见到一只蠡（lí）躲在自己的壳里面，小心翼翼往外看，不敢出来，十分可爱。鲁班停下来对它说："打开你的壳，现出你的身形吧！"可是，蠡只露出自己的头，怎么也不愿意全部打开藏身壳。

鲁班受到蠡的启发，就把它的形象作为装饰放在了门上。后来，工匠们还直接把锁设计成了蠡形呢。1930年，在洛阳金村的东周墓中，考古学家就发现了一只蠡形的青铜锁。

慢慢地，古人将铺首的形状拓展到其他动物，称为"衔首"或"衔兽"，有龙、狮、虎的兽形物，龙的儿子椒图形似螺蚌，喜欢封闭，也越来越受工匠们的喜爱。

明清时期，皇宫里的铺首作为"门铃"的功能已经慢慢弱化，工匠们更看重的是用它来彰显皇宫的气派和威严。皇宫里的建筑一般为龙头铺首，而皇帝的儿孙府邸和大臣家的大门铺首大多是狮子和老虎，三品以下及普通百姓的宅门则不允许用兽面铺首，只能使用门钹。

这样一来，铺首就变成了两类，皇家和官府以龙、狮、虎为主的兽面铺首；老百姓的宅门没有兽首出现，改用圆形、方形、六边形、菊花形和梅花形的门钹。

所以，古时候的人们很容易就能从铺首上分辨出主人的身份和地位，铺首也慢慢变成中国门文化中最能体现建筑礼制等级的装饰符号之一啦。

敢管皇帝的"大嗓门"

龙非常厉害，但它那么多儿子中有没有比它更厉害的呢？当然有啦，这就是犼（hǒu）。据说就连至高无上的皇帝都有点儿怕它，这是为什么呢？

犼又名蒲牢，它喜欢大声吼叫，吵得整个海底世界不得安生，于是被龙王赶出龙宫，变成了大海上的流浪儿。

谁能想到，天不怕地不怕的犼，却有点儿害怕海里的鲸。鲸不喜欢听犼的声音，每次看到犼都会联合起来围攻它。每当这时候，犼就会迎着风跳到海浪之上，大声吼叫，想以此吓退鲸，可是鲸们毫不示弱，攻击得更凶猛了。

它们就这样在海上相互斗争，渔民中也流传着它们之间的传说。这些故事被工匠听到后，就在铸造洪钟的时候把钟钮雕刻为犼的形象，把钟槌雕刻为鲸的形象，用钟槌敲钟钮，声音特别响亮。

别看犼害怕鲸，可它一点儿也不怕其他的神兽和动物，连龙都打不过它，狮子老虎见到它也会吓得瑟瑟发抖。书中记载了这样一个传说：康熙五年的时候，人们在平阳县看到一只犼追杀一条龙，从海里一直到天上，龙发现自己打不过犼，火速找来另一条龙和三条蛟帮忙，它们恶斗三天三夜，打得昏天黑地。

最后，犼杀死了一条龙和两条蛟，自己筋疲力尽，掉入

怪兽图谱：犼

怪兽身份：龙子
怪兽性格：刚直不阿

山谷死亡。有大胆的人前往观看，发现犼身长一两丈，外形像马，但全身披满了鳞片，就像龙马一样。犼死之后，身上的鳞片起火，火光达一丈多高，让现场的人震撼不已。

在古代，人们最初将犼作为镇墓兽，雕刻在皇亲国戚、王公贵族的墓室门前，希望用它来震慑妖魔鬼怪，保护死者不受侵扰。

人们认为，犼对着天空咆哮，可以起到上传天意、下达民情的作用，所以就把它雕刻在华表之上，称它为"望天犼"。天安门内、外各有一对华表，上面都蹲着一只犼。

天安门外的华表上的犼一动也不动地望向南方，而天安门内的华表上的犼，则望向北方。犼可不是想家了才望向远方，它在这里还有一个秘密任务，那就是监督高高在上的皇帝。为了观察皇帝的行踪，它才注视着皇宫内外。

如果皇帝一直待在舒适的皇宫里享乐，在天安门内的犼便会"提醒"皇帝，应该多到皇宫外面看看民间的疾苦。如果皇帝在宫外沉迷于五光十色的世界，甚至忘记了要回宫处理政务，在天安门外的犼便会告诫皇帝，应该早日回宫，专心料理国家事务。

这两对犼还有特别的名字，天安门内的犼叫"望君出"，天安门外的犼叫"望君归"。其实，犼不会说话，更不敢跑到皇帝身边"撒野"，华表上的犼也只是对帝王的一种警示，能否将国家管理好，也全看皇帝自己的本事了。

屋脊怪兽小分队

为什么屋脊上站了一排小怪兽

如果我们在故宫用望远镜慢慢向屋脊上扫，会发现屋脊上竟然站着一排神色各异的怪兽！

在宫殿屋脊的正脊两端，蹲着巨大龙头怪兽"正吻"，它张开大口，好像要把整个屋脊吞掉，看起来气势无比惊人。再看垂脊，这里的怪兽有整整一排呢！"一、二、三、四、五、六、七……"或许你听不到它们列队的号子声，但一定会在故宫许多宫殿的屋顶，看到它们整齐的队伍，一支"怪兽小分队"。

如果认真数一数的话，除了太和殿垂脊的"怪兽"有十个之外，故宫其他大殿垂脊上"怪兽"的数量都是单数的，最少的一个，最多的九个，一般前面有一个骑凤仙人，后面整齐排列着各种"怪兽"。比如，乾清宫有九个，坤宁宫有七个，后妃居住的东、西六宫有五个，宫殿等级更低的只有三个或一个。

那么，故宫的屋脊上为什么会有这么多"怪兽"呢？原来，无论是螭（chī）吻，还是骑凤仙人率领的"怪兽小分队"，它们都是建筑的重要构件呢。

这些怪兽最初的形态是保护屋脊的钉子。因为垂脊是屋顶两个坡相交的地方，这个地方的瓦特别容易下滑，瓦一下滑，

正脊

正脊，又称大脊、平脊，即屋顶前后两坡相交处，是屋顶最高处的水平屋脊。正脊两端有吻兽或望兽，中间可以有宝瓶等装饰物。

垂脊

是正脊两端至屋檐四角的屋脊，根据其制作材料的不同分琉璃垂脊和黑活垂脊（"黑活"指砖雕瓦），也有人称为戗（qiāng）脊。

雨水就会渗进屋脊，时间长了，屋子就会漏雨。那怎么办呢？

古代工匠想出来一个办法，那就是用长长的钉子来固定这些瓦件，但是新的问题又来了，钉子暴露在空气中很容易生锈，雨水也容易沿着钉子渗入。怎么办？这可难不倒聪明的工匠，他们给钉子戴上了"帽子"，这就是最初的小怪兽的造型。

这些小怪兽有的是琉璃制造的，有的是普通的黏土制造的，它们包裹起钉子，起到很好的保护作用。随着古代工艺的发展，智慧的古代工匠不断设计美化"钉帽"，并赋予它们诸多神奇的寓意，这些造型慢慢与屋脊的瓦件连为一体，与深藏在它们身体里面的长钉一起保护着整座大殿。

同时，这些可爱的"怪兽"，造型生动，使得皇宫的屋顶变得更加漂亮啦。建筑学家梁思成、林徽因夫妇曾经赞扬它们"使本来极无趣笨拙的实际部分，成为整个建筑物美丽的冠冕"。

而且，这些怪兽都是神话传说中才有的稀有动物，表示皇帝天下一统、至高无上，四海珍禽异兽都来朝拜，每个怪兽也都拥有自己的拿手绝活呢！它们有的可以防火，有的可以辟邪，有的有着吉祥的寓意……下面，就让我们来一一见识它们的神奇吧！

怪兽图谱：屋脊怪兽小分队

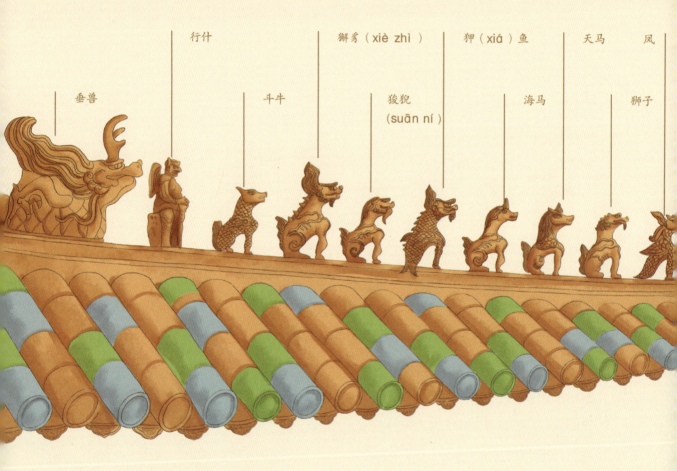

速记怪兽小分队顺口溜

一龙二凤三狮子，
天马海马六狎鱼，
狻猊獬豸九斗牛，
最后行什像个猴。

骑凤仙人

龙

最厉害的消防员正吻

正吻

又称大吻,正脊两端的装饰构件。雕为龙形,由数块拼接而成。太和殿大吻由13块拼成,为现存古建筑中最大者。

清康熙二十七年(1688年),一位法国旅行家卡勃里欧列·戴马甘兰来到北京,被中国宫殿的雄伟壮丽所震撼,其中有一个神奇的装置让他印象深刻,念念不忘。

他回到法国后,在自己的著作《中国新事》中写道:"中国屋脊两头,都有一个仰起的龙头,龙头吐出曲折的金属舌头,伸向天空,舌根连接一根很细的铁丝,直通地下。这样奇妙的装置,若遇雷电的电流,就从龙舌头沿线下引地底,房屋遭不到破坏。"

故宫的宫殿屋顶上一般都有正吻,那有没有13块吻件拼成的正吻呢?有,而且只有一对,那就是太和殿屋脊两侧的正吻,这是我国现存的古代建筑上最大的正吻啦!

在中国古代传说中,这种瑞兽是龙的儿子之一,模样特别像无角龙,最喜欢在高处险要的地方张望。中国古代建筑多是木制,非常容易着火,人们便把它"请"到屋顶上,做个居高临下、瞭望四周的侦察兵兼消防员,发现了危险,它的尾巴一翘,就可以喷水。

它最初可不叫正吻,在漫长的历史中,人们称它为鸱尾、螭吻、鸱吻、龙尾、龙吻、蚩尾、蚩吻、祠吻、吞脊兽等,这些名字,表明它的形成有一个漫长的历史。

据考证，正吻图像最初出现在晋朝，唐朝已有完整的造型，在敦煌第220窟的初唐壁画中已出现正吻。可它的形象不断改变，到了宋朝还是个生硬的大尾巴，到明清时期才形成了现在龙头嘴衔屋脊的俏皮模样。

如果仔细观察，你会发现，正吻身上还插着一把剑呢。

传说正吻相当调皮，最喜欢到处乱跑，为了防止它四处闲逛，不能"站岗"，人们就在它的脊背上插了一把金属宝剑，牢牢钉住它。实际上，因为正吻背上需要开口，倒入填充物，剑把是用来塞紧开口的。

如果你在太和殿前广场选个准确的位置，向太和殿屋脊处看，你也许会发现，正吻驻扎的地方，正是太和殿正脊两端和建筑主体的交会部位，是防水的最薄弱环节，雨水很容易从交会点的缝隙渗入。两端的正吻可以严密封固屋脊。

正吻使用了不易燃的琉璃瓦件制作，万一雷火击中大殿，也会减缓下方木制大殿的燃烧速度。

在古代，安装正吻可是件了不起的大事，要举行隆重的仪式。清朝《工程做法则例》规定，安装正吻时，要派遣一名官员，在琉璃窑拜祭；派遣四名官员，在正阳门、太清门、午门、太和门祭告；四品以上文官、三品以上武官及科道官需要排队迎接正吻。

十三件

这种奇妙的装置是什么呢？原来，这就是中国宫殿正脊两端的正吻。它是宫殿的重要构件，吻件按大小可以分为"二样"至"九样"。"六样"以上的正吻比较大，通常由5块、7块、9块、11块拼合而成，最多可以达到13块，又称"十三拼"。为了稳固，较大的正吻两侧，一般有吻索与屋面的吻钉相连。

最大的正吻

这对正吻体量非常庞大，高3.4米，宽2.86米，足足有一间小房子那么大，比两辆小汽车加起来还要重。小朋友来到故宫太和殿前抬起头来，就能看到它们一左一右，张开大嘴紧紧咬住屋脊的威猛形象呢。

骑凤仙人到底是谁

在故宫屋顶垂脊的怪兽小分队中,带头的是一位仙人,他骑坐在凤鸟的背上,脚下踩着灵芝状祥云,看起来袍袖飘飘、神采飞扬,这就是著名的"骑凤仙人",也称"仙人骑鸡"。

这位厉害的仙人是谁呢?这可是一个难以破解的谜题。

有一种说法认为,骑凤仙人的原型是2000多年前战国时期的齐湣王。齐湣王是谁呢?你们一定听说过滥竽充数的故事,齐湣王就是那个喜欢听独奏,吓跑了滥竽充数的南郭先生的国君。

神采飞扬的骑凤仙人

不过,齐湣王是一个骄纵自大的人,治理国家可没什么本事。有一次,燕国大将乐毅率领五国攻打齐国,齐国军队战败,齐湣王被对方追到一条大河边,走投无路,正准备拔剑自尽时,一只凤鸟飞来,接上他腾空而去,逃离了敌人的追杀。后来,人们就把他放在"怪兽小分队"的第一位,让他镇守宫殿,就是借"乘鸡(吉)飞翔(祥)"的说法,寓意吉祥。

还有民间传说认为,仙人是姜子牙妻子的弟弟。他不想好好工作,光想着凭关系当大官。姜子牙是个公正的人,就严肃地告诉他:"你的官当到现在,已经到顶了,如果再往上爬就会摔下来。"

古代工匠们根据这个传说,把他放在了宫殿垂脊的最前端，警示他这里已经无路可走了，再往前一步就会摔得粉身碎骨，所以他只好认真看守宫殿。

还有人说，"骑凤仙人"其实就是姜子牙。因为在封神榜上，没有姜子牙的神位，他索性就坐在了屋顶之上俯瞰众生，帮助皇帝监督文武百官，不让他们做坏事。

无论哪种说法，都体现了古人丰富的想象力。在中国传统文化里，凤鸟一般指凤凰，是一种非常骄傲的神鸟。传说在舜帝和周文王时期都出现过它们的身影，"自歌自舞，见则天下安宁"。人们相信，凤鸟出现，预示着天下太平，百姓幸福，国家繁荣昌盛。而"仙人骑凤"的形象最早出现在先秦，在陶器、玉器、丝织品、绘画和文字记载中，都有不同的形象。

汉代的时候，漆画和画像石中大量出现了羽人形象，马王堆墓里的绘画也描绘了神仙骑乘凤鸟向仙境飞去的情境。

原来，古人认为凤鸟可以飞往仙境，到达神仙居住的地方。唐朝的时候，凤鸟愈加华丽，鸟背还出现了飞天的形象。到了明清的时候，"骑凤仙人"就来到宫殿的屋顶，成了宫殿"怪兽小分队"的队长。

当然，"骑凤仙人"不仅有特殊的含义，还有实际的作用，因为他所在的位置在垂脊的最下方，垂脊的第一块瓦就被他牢牢固定啦。

忠勇吉祥的海马

南宋有一本叫《夷坚志》的书里记载了一则可怕的故事。

南宋绍兴八年（1138年）的一天夜里，广州西海一个叫上弓弯的村子里闯来一头海怪。它长得像马，鬃毛和四蹄都是红色的，村民们从来没见过这样的怪物，非常害怕，于是大家集合起来，围攻海怪。经过一夜的搏斗，村民杀死了这头海怪。

可是，就在天快亮的时候，村子的上空突然传来巨大的响声，好像有千军万马一样气势汹涌。人们隐隐约约地听到天空中有声音说要来找马。有人认为这是非常可怕的异象，便连夜从这里离开了，而大部分人都没当回事。结果，第二天，海水暴涨，整个村庄都被淹没了。

那么这匹从海里跑出来的神马究竟是谁呢？为什么连天上的神仙都如此看重它？

原来，这匹神马就是海马，又称"落龙子"。它是一种生活在海里的马，普通的马能在陆地上奔跑，海马不但能在陆地上奔跑，还能在大海的波涛中穿行呢。当海马奔驰时，它的肩膀上会有火焰闪烁，十分罕见。

如今，海马也来到了"怪兽小分队"里守护着中国的皇家建筑。在许多建筑中,海马和天马的位置并不固定,有的时候天马在前面,有的时候海马在前面。它们可是一对"好朋友"。这对"好朋友"长得非常像,但仔细观察的话,能发现海马的身上是长着鳞片的,而天马则长了一对翅膀。

《山海经》里记载,北海境内有一种神兽,长得像马一样,名字叫"騊駼(táo tú)",这很有可能就是传说中海马的雏形。随着民间故事的流传,海马的形象越来越丰富,慢慢变成长着鳞片在波涛中飞奔的瑞兽。

由于海马拥有种种神奇的本领,古代很多地方都有它们的身影,如唐代的铜镜上就频繁出现海马的形象。故宫博物院就藏有一枚海兽葡萄纹镜,中间是一匹似马非马的海兽,

海马

海马在神话中是逢凶化吉、忠勇吉祥的化身,是"怪兽小分队"的"潜水员",象征皇家的威德可以通天入海,畅达四方。

周围环绕着葡萄纹浮雕，这枚海兽葡萄镜被中外学者称为"多谜之镜"。

元明清的瓷器当中，海马纹也是常见的吉祥纹样，瓷器上它们在海浪中奔跑如飞，身上往往带着火焰，有除恶辟邪的吉祥寓意。

明清时官员的官服"补子"上面，也出现了海马的身影。那时候，一般用飞禽代表文官，用猛兽代表武官，如一品文官用仙鹤补，一品武官用麒麟补。九品武官的"补子"就是海马。

"补子"上的海马和普通马长得差不多，但背上长出两只翅膀，既能在陆上驰骋，又能凭借翅膀在海上踏浪而行，以此比喻武官要成为水陆作战的能手，既能指挥步兵陆战，又可指挥海军水战，这样皇帝就可以高枕无忧了。

会飞的天马

一般而言,排在"怪兽小分队"第四位的是天马,它的来历非常神奇。

《周礼》中记载:"马八尺以上为龙,六尺以上为马。"古书《山海经》里也有天马的传说:龙侯山向东北走大约二百里,有一座山叫马成山,那里有很多美丽的石头,这些石头都带有纹理,而山的背面有许多黄金和玉石。

马成山上有一种小怪兽,长得像白犬,头却是黑色的,它们的性格有些胆小和害羞,一看到人就会飞跑,这种小怪兽的名字就叫天马。

天马

天马在古代神话中是逢凶化吉的化身,是小分队的"飞行员",是护卫皇帝的"天空战神",象征皇帝傲视群雄、开拓疆土的气势。

当它叫起来的时候，声音好像在呼喊自己的名字。每当人们见到天马时，就会有大丰收，因此人们视其为带来好运的神兽。

关于天马，还有一个传说。汉武帝时期，南阳新野有一个叫暴利长的人，他因犯罪被流放到敦煌，在敦煌渥洼这个地方，他在经常来这里饮水的野马群中发现了一匹骏马。这匹马十分与众不同，引起了暴利长的注意。他很想捉住这匹非凡的骏马。

骏马的警惕性非常高，看到人就会飞速跑开，这可怎么办呢？暴利长想了个办法，他用泥土做成一个假人，把它放在马群饮水的岸边，在假人手上挂着马笼头和缰绳。

一开始，马群不敢靠近，但慢慢发现，这个"人"一动不动，时间长了就放松了警惕，见怪不怪了。于是，暴利长悄悄替下假人，手里同样紧紧握着马笼头和缰绳，耐心地等待一个好的时机。

没过多久，骏马开始靠近，暴利长趁它没有防备，一把将马笼头套在马头上，紧紧抓住缰绳，驯服了这匹马。

他为什么费尽心机捕获这匹马呢？原来，他想把骏马献给汉武帝。众所周知，汉武帝是一个非常痴迷马的皇帝。为了将这匹马的来历说得更加非凡，暴利长谎称这匹马是从水中飞出来的，非常神奇。

巧合的是，汉武帝曾占卜寻求神马，卦象显示"神马当从西北来"。于是，他派人到乌孙寻找神马，暴利长献的骏马正好投其所好。汉武帝龙颜大悦，认为这是太一神赐予的，还创作了一首天马歌（《太一之歌》）。

那时西域的大宛国产有一种马，它在飞速奔跑之后，肩膀会鼓起来，流出的汗水像鲜血一样，被称为"汗血宝马"。汉武帝任命李广利为将军，远征大宛，前后征战四年，才得到数十匹优良的大宛马，称其为"天马"。

随着时间的推移，人们慢慢将马和龙的传说连在一起，把普通的马加以神化，让它既有龙的形象，又有马的造型，身上还长着翅膀，成为能在天空翱翔的天马，又称"龙马"。

人们还把天马的形象与国家和皇帝结合起来，认为如果世间出现了天马，是太平盛世的祥瑞之兆，是人间祥和之气感召所致。南朝沈约在《宋书·符瑞志》中称，龙马是仁马，它是河水的精怪，高八尺五寸，脖子很长，长有翅膀，傍有垂毛，鸣声九哀。

从此天马的形象愈加神奇，它毛色如虎，有着洁白的翅膀，脚踩浮云，一天能飞一万多里，而且造型变化多端，和龙是好朋友，经常飞升昆仑，遨游天际。人们也将它视为辟邪的神兽，成为逢凶化吉的化身。

于是，当人们建造皇宫时，就让神奇的天马加入"怪兽小分队"，成为宫殿的守护者！

"兴风作雨"的狎鱼

在"怪兽小分队"的成员里面，还有一条鱼呢，不过这条鱼的模样与普通的鱼儿不一样。它身上披满了鳞甲，头发竖立飞扬，乍看和其他神兽没多大区别，可身下一条大大的鱼尾巴，显示了它的不同。

原来，这条奇特的鱼儿名叫"狎鱼"，它也是龙的儿子，形态如龙，前足有爪，后背有脊，但是多了一条好看的尾巴。

那么，狎鱼又有什么样的神奇本领呢？原来，它和古人防火避灾的美好愿望相关。古时候，天一黑，巡更人便会敲响手中的锣，边走边喊"天干物燥，小心火烛"，提醒人们睡觉的时候记得吹掉蜡烛，小心用火，防止火灾。古书里记载，在周朝的时候一到春天和秋天，王宫里负责用火安全的宫正，就会摇动木铎，提醒注意防火。

故宫是大型的木质结构建筑群，最容易起火了。据记载，紫禁城建成后一共发生过近百起火灾，最大的宫殿太和殿前后就被烧过好几次呢。

为了防止火灾，古人发明了各种各样的防火措施，例如用砖石结构建造"山墙"，以此保护建筑，阻止火势蔓延；在地上摆放一口口的大水缸，作为储水池，用以灭火，等等。

狎鱼

汉族神话传说中，它和狻猊都是兴云作雨、灭火防灾的神兽。

除此之外，古人信奉神明，他们还会请出神话传说中的各类神仙瑞兽来预防火灾，寄托自己美好的愿望。那么，谁能干好这个"工作"呢？因为火最怕水，所以主管水的神仙和瑞兽最合适啦。

在神话传说中，玉皇大帝是天界最大的官儿，管理各类神仙。在他手下，负责降雨的就是龙王啦。如果一个地方被治理得井井有条，人民安居乐业，龙王就会普降甘霖，让其风调雨顺。如果一个地方的官民作恶多端，龙王就会让这个地方久旱不雨或洪水泛滥，以示警告。

龙王有九个各具法力的儿子帮助，每个儿子都有不同的本领，故宫里不少地方都有它们的身影，最牛"消防员"正吻就是其中之一。

此外，狴鱼也是龙的儿子，它是海中异兽，能喷出巨大的水柱，兴风作雨，灭火防灾，是小分队中的又一名厉害的"消防员"。但狴鱼的形象并非一成不变，一般都是龙头，麟身，前脚后身，浑身长着鳞片，有时背上还会有背鳍出现呢。

人们让狴鱼加入"怪兽小分队"，是希望它能防火避灾，给皇宫带来福气啊。

比狮子凶猛的狻猊

《聊斋志异》里讲过一个有趣的小故事,说广东中部有一个猎人,带着弓箭来到深山里。他走累了就躺下休息,结果不知不觉睡着了,睡梦中他被一只大象用鼻子卷起来带走了。

过了一会儿,大象把他放在树下,跪地向他磕头。之后成群的大象走来,围绕在猎人身边。带头的大象用鼻子将一头雾水的猎人举到了树上。

稍后,来了一头狻猊,群象都老老实实趴在地上。狻猊选了一头肥象,要吃掉它。大象们吓得浑身颤抖,却不敢逃跑。它们都抬头望着树上的猎人,好像在求他怜恤施救。

猎人明白了它们的意思,挽起自己的弓,对着狻猊奋力射出一箭,狻猊中箭倒下。群象欢欣鼓舞,抬头望着猎人,纷纷向他跪拜。

原先那头大象用鼻子将猎人放在自己背上,带着猎人来到一个地方。大象扒开土,里面露出无数脱落的象牙。原来,这是群象要感谢猎人射杀狻猊的救命之恩。

这个故事里的狻猊究竟是什么怪兽呢?能让大象都如此害怕。

狻猊是一种和狮子很像的神兽,在我们的故宫垂脊上面,它就安安静静地站在狎鱼之后。

狻猊

狻猊外貌与狮子相似,非常勇猛,但喜静不喜动,喜欢烟火,雕像或画像常出现在中国宫殿建筑及香炉上。

《穆天子传》里记录过狻猊，说它每天可以跑五百里，这大概是关于狻猊最早的记载啦。

那么，狻猊和狮子长得到底有什么不一样呢？狮子头上有卷发，但是身上没有鳞甲；而狻猊的头发向上飘扬，身上披满了鳞甲。

狻猊不但吃大象，还能吃老虎和豹子，所以古人就把它请到屋脊上来守卫皇宫。

别看狻猊这么威猛，它还是个"小宅男"呢，没事的时候它喜欢安安静静地待着不动，还喜欢烟火。所以古人也常把狻猊的形象雕刻在香炉和香薰上，让它吞云吐雾，护佑平安。

公正的"法官"——獬豸

在中国古代,有位非常有名的大人物,叫皋陶,他和尧、舜、禹并称为"上古四圣"。不过,尧、舜、禹是部落首领,而皋陶之所以受到人们的爱戴,是因为他是一位厉害的"法官",而且他是中国历史文献记载的第一位法官呢。

皋陶对老百姓特别宽厚仁爱,注重教化,引导百姓多做好事,不用严酷的刑罚压迫百姓,社会得到很好的治理,部落首领和百姓都对他赞不绝口,认为他是最公正无私的"首席法官"。

传说皋陶养了一只名为"獬豸"的神兽,又称"一角之羊"。这只神兽简直就是"神探狄仁杰"的化身,它铁面无私,

獬豸

獬豸又称獬廌、解豸,懂人言知人性,能辨是非曲直,能识善恶忠奸,又有神羊之称,是司法公正的象征。

又断案如神，人有罪没有罪，它一看就能知道。每次皋陶审判案子，难以判断嫌疑人有没有罪的时候，就会让獬豸出场。如果嫌疑人有罪，獬豸就会用独角撞他。

从此，獬豸就成为人们心中的神兽，长得既像麒麟又像羊，似鹿非鹿，浑身青毛，双目明亮有神，额头上长着一只独角，听得懂人话。最厉害的本领就是能够辨认好人和坏人，明辨是非曲直。

在我们故宫的屋脊"怪兽小分队"里面，排在第八位的就是獬豸，它没有飞天入地的强大本领，也没有高大威猛的外形，可是作为正义的象征，人们非常喜爱它。传说在春秋时期，楚文王曾经得到一只獬豸，他命人按照獬豸的形象制作帽子，就叫獬豸冠，希望戴冠的官员能学习獬豸明辨是非的精神。

后来秦代和隋代的御史也戴獬豸冠，唐朝的时候，御史台九品以上的官员都要佩戴獬豸冠。到了明清的时候，御史穿绣有獬豸图案的补服。

清朝时，一般文官补子用飞禽，武官用猛兽。但有一个特殊群体——都察院的官员，他们都是文官，无论官职大小，补子上都绣着神兽獬豸，纹样一致。因为皇帝希望从事司法监察的官员能公正严明、秉公断案，维护社会公平正义。

你看，故宫好多宫殿的屋脊上就站着警惕、威严的獬豸，它们昂首挺胸，利爪张开，睁着大大的眼睛，仿佛是在警告那些坏人呢。

斗牛是牛吗

在我国著名的二十四史《晋书》里,讲了一个很好玩的故事:吴国上空的斗星与牛星之间常常有紫气出现,张华听说豫章人雷焕精通天象,就请他分析斗牛之间为什么会产生紫气。雷焕说"这是宝剑的精气",并判断发出紫气的宝剑就藏在豫章的丰城。

于是,张华安排雷焕到丰城当县令,暗地里寻找这把剑。

雷焕到丰城后,四处勘查,最后确定宝剑藏在监狱的地下。他命人挖掘监狱的地基,在四丈多深的地方,发现了一个石匣,石匣透出非同一般的光彩。匣中果然有两把刻字的宝剑,一把名"龙泉",另一把名"太阿"。

找到宝剑的当天晚上,斗星和牛星之间的紫气就消失了。雷焕把其中的一把剑送给了张华,告诉他说国家会大乱,另一把剑留给自己用。

后来,张华在动乱中被杀,他那把宝剑也不知去向。雷焕去世后,他留下的宝剑传给了儿子雷华。有一次,雷华带着剑经过延平津的时候,宝剑忽然从他腰间跳出来,直扑水中。

雷华大惊失色,赶紧命人到水里寻找,却一直找不到。不一会儿,只见两条龙从水中跃起,有数丈之长,身上也有与宝剑相同的花纹。接着,水面光彩照人,水上掀起惊涛骇浪,

斗牛

斗牛是小分队的"防洪专家",身披龙鳞,能镇水防火,高居屋顶,随时准备兴云作雨、镇邪护宅。

两把剑从此都消失了。原来，龙泉、太阿两把宝剑再度相聚后，双双化龙飞走了。人们传说，斗宿和牛宿间有一种神兽，名为"斗牛"。

也有人考证说，斗牛是虬螭（qiú chī）的一种，身披龙鳞，长得像龙而有"觥角"。觥角是指上曲的角，和龙角是不一样的。

清朝吴长元编著的《宸垣识略》中记载，皇宫旁边的西内海子里面有斗牛。据说，在遇到阴雨天气的时候，斗牛就会吞吐云雾，出现在北海和中海之间的金鳌玉蝀桥上。古人认为，斗牛是一种兴云作雨、镇火防灾的吉祥神兽。

于是，斗牛也被请到故宫屋顶的"怪兽小分队"里来了，它挺着小肚子神气地站在小分队的第九位，和大家一起护佑皇宫的平安。

斗牛不仅出现在皇家建筑里，在明朝，皇帝赏赐官员的三品官服上就有斗牛的身影。牛角龙身，头上双角向下弯曲，就像牛角一样，而龙爪是四个指头的。斗牛服与蟒服、飞鱼服的图案，都和皇帝所穿的龙衮服相似，只用于皇帝的赏赐，是一种非常隆重的服饰。一般立有很大的功劳才能获得这样的赐服，这被大臣们当作极大的荣宠。

明朝著名的大臣张居正在刚刚入阁时，其才华初绽，得到万历皇帝奖励赏赐，赏赐的物品就是金币和斗牛服。

雷神的化身"行什"

"怪兽小分队"里面有一个特殊的成员——行什。为什么说它特殊呢？因为在中国所有的建筑里面，只有一个行什，就是站立在太和殿的垂脊之上的。这可是一只威风凛凛的神兽。

如果小朋友拿起望远镜仔细观察，会发现行什的脸长得很像猴子，但眉毛翻着卷，嘴巴像小鸟，还有两颗獠牙。它身上有一对翅膀，脚趾的造型像鹰爪，双手交叉抱着金刚宝杵，传说这可是用来降魔的武器呢。因为它在"怪兽小分队"中排行第十，所以被人们称为"行什"。

有人说，行什长得像孙悟空，但仔细观察的话，行什虽然也是猴脸，背上却有一对翅膀，手里拿的也不是金箍棒，而是金刚杵，这和传说中的雷公很相似啊。

传说天地最初的时候是混沌的，就像个大鸡蛋，盘古就诞生在这里面。盘古站立在大地上，身高一天长一丈，一万八千年之后，天地分开了，盘古继续越长越高，直到又过了一万八千年才死去。

盘古死后，他的呼吸就变成了风，鼾声变成了雷，左眼变成了太阳，右眼变成了月亮，手足和身躯变成了四极和五岳，血液变成了江河，筋脉变成了道路，肌肉变成了田地。

这是雷最早出现的传说。之后，人们又塑造了雷神的形象。

行什

行什是小分队的"防雷勇士"，面部很像猴子，有一对翅膀，手持用来降魔的金钢杵，能防雷防火。

《山海经》里说，东海中有流波山，山上有一种神兽，长得像牛，身体是深色的，头上没有角，身上只有一只脚，当它出入水中的时候就会有风雨，发出像打雷一样的声音。

这种神兽的名字叫夔。如果皇帝得到它，把它的皮制成鼓，把它的骨头制成鼓槌，打鼓发出的声音可以传到五百里之外，威服天下。

后来，雷神的形象不断变化，到东汉的时候，画匠们把雷神画成了大力士的样子，他左手拿着一圈小鼓，称为"连鼓"，右手拿着一根上方下尖的"锥子"。人们传说，雷公打鼓的时候就会雷声隆隆，雷公推锥的时候，雷声尖锐，如裂石穿云一般。

唐朝吴道子所画的《鬼神图》里，雷神是一个威武的"肌肉男"，左肩扛着连鼓，右手拿着长柄锥子。在山西永乐宫的壁画里，也有雷公的形象，他满脸大胡子，面貌凶恶，双手捧着连鼓，看起来非常吓人呢。

在古代传说中，雷公可以掌控雷霆，降雨开晴，又能惩恶扬善，所以被尊为雷神，有着消灾免祸的超凡本领。太和殿建成后，多次遭受雷击和火灾。由于雷公本领大，所以古人就让他加入"怪兽小分队"，防雷防火，护卫皇宫啦！

警惕的"哨兵"嘲风

小朋友是否发现,故宫宫殿的檐角有时候会藏着一只喜欢四处张望的怪兽,它长着龙的头、兽的身体,生着老虎的腿脚和爪子,两胁的位置自带火焰和浮云,就像一对翅膀一样,非常威风。这个威风凛凛的小怪兽又是何方神圣呢?

原来,这就是"怪兽小分队"里面的"哨兵"嘲风。它也是中国古代神话传说中的神兽,是龙的儿子之一。

嘲风的身体比较小,比龙爸爸显得更加灵活,是个小小探险家。哪里有危险它就往哪里跑,尤其喜欢去刺激危险的地方。站在悬崖边上逆风嘶吼是它经常干的事,它还特别喜欢爬上屋顶四处张望。

有人说嘲风的母亲是凤凰,因为嘲风长着凤尾。也有人说它的母亲是狻猊,因为狻猊生活在岩洞和石缝当中,最喜欢攀岩,还喜欢登高四处眺望,嘲风继承了这种攀登的天赋。

在渔民中流传着一个故事,嘲风最喜欢在高高的礁石上跳舞,当渔船经过时,渔民看到它,必须对它的舞蹈鼓掌喝彩,不然嘲风就会非常生气,兴起风浪,打翻渔船。

嘲风威力非常大,玩高兴了上天入地,兴风作浪,不管百姓的死活,能制造出很多灾难,形成地震和海啸。据说,大禹治水时,嘲风就经常跑出来捣乱,让原本肆虐的洪水更

嘲风

中国古代神话传说中的神兽,龙的儿子之一,形似兽,好险又好张望,常以其形状作为殿角的装饰,象征祥瑞。

加难治,大禹和百姓都非常生气,想尽办法惩治这个"害人精"。

大禹的部下中有一个非常厉害的人叫禺疆,是黄帝的孙子。传说他是海神、风神和瘟神,统治着北海,法力强大。《山海经》里清清楚楚地写着,禺疆长着人的面孔、鸟的身子,耳朵上穿孔挂着两条青蛇,脚下也踩着两条青蛇。

为了消除祸患,禺疆用强力治服了嘲风,从此,嘲风就再也不敢伤害百姓了。

由于嘲风善于登高眺望,古代的建筑师们就把它请到了宫殿的檐角上,希望嘲风当一个好哨兵,护佑平安。

不过,也有人认为,嘲风是开天辟地的神仙盘古的灵魂变化而成的,天生就具有威慑妖魔鬼怪的作用,象征着吉祥和威严。所以故宫里的嘲风也是一名镇宅辟邪的瑞兽。

现在,小朋友们在故宫里,抬头看屋檐,就会发现嘲风的身影。故宫的屋檐上也因为立着嘲风,造型更加美观生动,还增添了一股神秘的气息。它居高临下,观察着来来往往的人,震慑着伺机挑衅的恶魔呢。

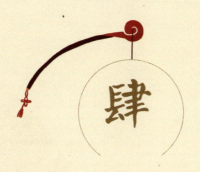

神兽的母亲——凤

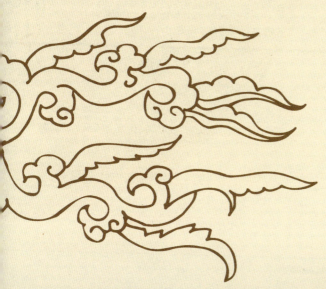

怪兽图谱　凤

在故宫，高贵威严的龙和雍容华贵的凤，守护着皇宫的安宁。在皇帝举行大典的三大殿区域，很少看到凤的身影，直到帝后的洞房交泰殿才开始出现凤的形象。过了乾清门，经后三宫到后妃居住的东、西六宫，凤的形象和装饰就越来越多了。凤的出现，即"有凤来仪"，意味着天下太平，是祥瑞之兆。

怪兽身份：皇后的象征
怪兽性格：爱美、高贵、善良

头——像鸡头

颈——像蛇颈

尾巴——像鱼尾

凤——高贵美丽的百鸟之王,象征皇后

下巴——像燕子

背——像龟背

身——像鸟身

神兽的母亲——凤

凤什么时候成了皇后的象征

你知道吗？在我们中国的神话故事里，美丽温柔的凤凰，本来是两种鸟，凤是雄鸟，凰是雌鸟。

关于凤凰的来历还有个传说呢。商族部落的始祖叫契，契的母亲为简狄。有一次，简狄在河中洗澡，忽然有一只玄鸟飞过，坠下一枚鸟蛋。简狄就把这枚鸟蛋吃了，谁知道发生了一件神奇的事情：她怀孕了，还生下了一个男孩。简狄给这个男孩取名为契。

契长大后协助禹治水立下了功劳，禹奖励给他一块地，封为商地，契被尊为玄王，玄鸟也成了商族的图腾，被人们敬仰崇拜。这只玄鸟就是凤凰最初的模样。春秋时期，中国最早的诗歌总集《诗经》还描述了这个故事呢："天命玄鸟，降而生商。"

后来在古人的传说中，玄鸟逐渐演变成了凤和凰。

那么，凤凰长什么样呢？《尔雅》里说凤和凰"鸡头、燕颌、蛇颈、龟背、鱼尾、五彩色，高六尺许"，集合了鸟禽类动物美丽的部位，而且，凤凰还拥有一个特别的本领，死后能浴火重生，这其实是人们对美好事物的一种想象。

那时，凤被用来比喻有德行的男子，汉朝时期的一首名叫《凤求凰》的古琴曲流传至今，就是讲男子追求美人的爱

翊坤宫铜凤

情故事。于是，凤凰常常作为吉祥幸福和美好爱情的象征。

1991年，湖南省洪江市出土了一件白色的陶罐，陶罐上戳印着一对飞翔的凤和凰。据专家推测，陶罐距今已有7400年的历史了，是目前发现的中国最早的凤凰图案。

你一定很奇怪，既然凤和凰是一对，龙又是怎么跟凤走到了一起呢？据说当年孔子去拜见老子。回来后，孔子三天不讲话，弟子们问他见老子时说了些什么，孔子感叹道：我竟然见到了龙！

在孔子眼中，老子就是龙的象征。而老子也非常欣赏孔子的才华，将孔子比为凤。两位圣人互相称赞对方为龙凤，于是，龙和凤就顺利地走到了一起，从此以后几乎形影不离。

龙是"鳞族之长""众兽之君"，凤是"羽族之长""百鸟之王"，它们地位相当，称得上是"门当户对"。两只神兽代表着祥瑞和高贵，古人非常喜欢将龙凤放在一起，表达自己美好的寓意。

凤因为外表美丽，又喜欢打扮得花枝招展，渐渐就成了一个"女生"。而龙具有呼风唤雨的法力，皇帝认为龙有帝王之相，能代表帝王的权威。于是，秦始皇被称为"祖龙"，汉高祖刘邦称自己是龙的儿子，后世的皇帝开始称自己是真龙天子。皇帝是真龙天子，皇帝的正妻皇后自然就是凤啦。于是，凤从最开始的"男生"变成了一个"女生"。

一个敢让"凤在上,龙在下"的人

故宫面积庞大,然而在后妃居住的东、西六宫中,你根本找不到龙和凤在一起的雕塑。这是因为在皇家传统中,龙才是第一主人,凤的地位是绝对不能与龙相提并论的。

到了清朝末年,有个人就打破了这个传统。谁胆子这么大呢?

她就是历史上大名鼎鼎的慈禧太后。慈禧太后是咸丰皇帝的妃子,咸丰死后,她的儿子同治做了皇帝,但实权却掌握在慈禧太后手中。拥有了最高统治权的慈禧,成为当时紫禁城实际地位最高的人,她可不想让凤躲在龙的后面了。可是龙至高无上的地位也不能动摇啊,怎么办呢?慈禧太后想了个折中的办法,那就是将龙、凤并行。

慈禧太后说干就干,在庆祝自己五十大寿的时候,她将自己居住的储秀宫和南面的翊坤宫打通,形成四进院的格局。她在储秀宫放了一对成年人体形大小的铜龙和铜鹿,在翊坤宫院内放了一对小学生体形大小的铜凤和铜鹤,对外宣称"鹿鹤同春,龙凤呈祥"。

尽管铜龙和铜凤放置在前后两个院落,中间隔着房屋,且铜龙的体形比铜凤大很多,但毕竟这两座院落都由慈禧太后一个人居住,成为打破惯例的"龙凤并行"。这也是故宫里唯

——处将龙、凤放在相等位置的雕塑。

据说有一年慈禧过生日，她身边的大太监李莲英为了讨好主子，送给慈禧太后一份特别的生日礼物。他将殿前的三棵松树，一棵装饰成龙的形状，另两棵紧靠在一起的树，一棵装饰成凤凰头，一棵装饰成翅膀和尾巴，并在三棵树上挂满了彩灯。当灯光亮起，就是一幅"龙凤呈祥"的图案。慈禧太后对这份用心设计的寿礼非常满意，重重赏赐了李莲英。

慈禧是个有野心的人，"龙凤并行"还是让她觉得不满意，她想要在龙凤的图案中突出凤的地位。可是，龙在上凤在下，是整个皇帝家族的规矩。老祖宗定下的规矩，怎么能随意破坏呢？

慈禧太后是个很有主意的人，既然宫内要遵守规矩，那在宫外总行了吧？于是，慈禧太后在宫外独创了几处"凤在上，龙在下"的图案。一处在她长期居住的皇家园林颐和园仁寿殿广场前，那里摆着凤的雕塑和龙的雕塑，但凤位于龙的上方。

另一处是在距故宫125公里之外——慈禧为自己兴建的陵墓定东陵大殿的石阶上。定东陵大殿石阶上的主角不是腾云驾雾的巨龙，而是一只凌空展翅的大凤。高高在上的凤下面是一条出水小龙，龙曲着身子仰望着凤。更突出的是，74根汉白玉栏杆的顶部，原本应该是"一龙一凤"，但这里被设计成"一凤压两龙"，而在月台的抱喜石上，干脆就雕刻成"凤在上，龙在下"的图案了。这些凤，昂首挺胸，非常骄傲，而身居下位的行龙，瘦瘦弱弱的，显得非常可怜。掌权47年的慈禧太后，以这种形式提高了凤的地位，实现了自己的夙愿。

凤冠里藏着什么秘密

1956年开始,国家开始考古挖掘北京明代十三陵的定陵。当人们打开最后一扇石门时,发现这里是万历皇帝和他的两位皇后的寝陵。只见陵墓里堆满了各种珍宝物品。考古专家打开其中一个箱子里的宝匣时,惊喜不已——原来,宝匣里面端正地放着一顶几百年前的凤冠。

凤冠是皇后佩戴的礼帽,十分珍贵,经过文物专家的鉴定,这个凤冠的主人是明神宗孝端皇后。不过刚刚出土的凤冠灰突突的,大家决心将它修复成原来的样子。现在这顶凤冠就珍藏在故宫博物院的珍宝馆中。

不过,修复凤冠可是个大工程呢,文物专家组成了一个豪华的修复团队,花了半年时间才让它焕发出当年的风采。仅修复就花费了这么长时间,你能想象出当年的制作又是怎样一个大工程吗?

凤冠看起来只是一顶帽子,然而制作工艺一点儿也不比建造房子简单。孝端皇后的这顶凤冠,先用漆竹扎成帽胎,然后用高级丝帛面料包起来,这就是帽子的基本框架。凤冠上有六条镂空金龙和三只点翠金凤,所以它也叫六龙三凤冠。金龙和金凤口衔珠滴,当皇后走动的时候,珠滴也会跟随脚步摇晃。龙凤的周围点缀着红蓝宝石和各种珠花,整体看起

孝端皇后六龙三凤冠

花丝是用金子拔成细丝后,用堆、垒、编、织等方法定型,再用烧焊编结成龙的形状。

点翠工艺最早发明于汉代,发展于明代,到清代乾隆时期达到巅峰。工匠先将金、银片按花形制作成一个底托,再用金丝沿着图案花形的边缘焊成一个槽,在中间部位涂上胶水,再把从翠鸟背部拔取的蓝色羽毛镶嵌在座上,形成吉祥精美的图案,最后将珍珠、翡翠等珠宝玉石镶嵌到图案上。

来就像是金龙奔腾在翠云之上，翠凤在珠宝花丛中展翅翱翔。

那这些珠翠宝物是怎么做上去的呢？它们可不是用画笔画上去的，也不是做手工那样用胶水粘上这么简单。制作这样一顶凤冠，同时使用了多种工艺，花丝、镶嵌、錾雕、点翠、穿系等，可见有多讲究。

据说孝端皇后的这顶凤冠点翠用了几万只翠鸟。为什么制作帽子要用翠鸟的羽毛呢？这是因为翠鸟的羽毛顺滑有光泽，颜色鲜艳，还不会褪色。可是小朋友们要注意，为了制作一顶好看的帽子伤害这么多无辜的鸟儿，这样破坏生态环境的做法可不好。

除了牺牲大量的翠鸟，凤冠上的珠宝数量也非常惊人。有专家统计过，这顶凤冠镶嵌了大量的天然红宝石和珍珠，重量有 2320 克，差不多有 5 斤重。不过，如此精美的凤冠戴在头上可就没有那么舒服啦。你想想，戴上一顶这么沉的帽子，多不舒服呀。

皇帝可能考虑到了这个问题，也或许是凤冠太珍贵，所以一般只有皇后出席庆典活动时才会用到它，比如皇后结婚、妃嫔册封、谒庙和朝会等正式场合，皇后都要佩戴凤冠，彰显自己的身份和地位。有时活动要举行一整天，皇后就得戴一天，还要时刻保持最佳状态，当皇后真是不容易呀。

凤冠可不是谁都能戴的，它跟皇宫里的礼制一样，也是有等级区分的。这样有龙纹和凤纹的凤冠，只有皇后才有资格戴，它与皇帝的皇冠相对应，代表着皇后母仪天下。皇后以下品级的妃嫔，以及太子妃、亲王妃等，就没有资格在冠饰上使用龙纹，只能使用凤纹，如果谁敢违规可是要被杀头的。

此外，皇后的凤冠也有等级，一般龙凤的数量越多，皇后的身份和地位就越高。孝端皇后的六龙三凤冠规格就非常高。明定陵中同时出土的还有三顶绝美的凤冠，分别是三龙二凤冠、九龙九凤冠和十二龙九凤冠，这四顶凤冠都是价值连城的文物。

现在没有了皇后，制作凤冠的技艺也慢慢失传了，今天我们看到新娘结婚时使用的头冠，就是古代凤冠的仿制品。

伍

怪兽动物园

形影不离的好朋友：龟与鹤

小朋友游览故宫时，会发现一对好朋友的身影，那就是铜龟与铜鹤啦。让我们来数一数，故宫里一共有几对铜龟和铜鹤呢？

原来，故宫里有三对大铜龟，四对铜鹤。其中，前三对铜龟铜鹤，长住在太和殿、乾清宫、长春宫前的露台上。这些铜龟铜鹤铸造工艺水平非常高，铜龟身上的纹饰、背甲、四肢脚爪，以及铜鹤翅膀上的纹饰都特别精美。

那么，为什么龟与鹤经常在一起，形影不离呢？

原来，在咱们国家的传统文化里，龟和鹤都是长寿的标志呢。龟的寿命极长，古人将活了五千年的龟叫神龟，活了一万年的龟叫灵龟。在古代，龟和龙、凤、麒麟并称为"四灵"，是祥瑞之物。万年长寿的灵龟一出现，就预示着国家有好的兆头。

古人还认为龟可以预测吉凶，所以用它的壳来进行占卜，还将龟壳作为货币进行流通。古代的甲骨文就是镌刻或写在龟甲和兽骨上的文字。

汉代丞相、列侯、将军等大官们使用的金印，印纽都是龟形的，俸禄2000石以上的官员用的银印，印纽也是龟形的，而那些职位较低的官员，是不允许用龟形印纽的。

怪兽图谱：铜龟、铜鹤

怪兽身份：祈福之兽
怪兽性格：温和、善良、有智慧

故宫铜龟

武则天时期，朝廷规定五品以上的官员都要佩戴一种龟形的小袋，称作"龟袋"，按官员级别高低，分别装饰有金、银、铜三种金属。朝廷甚至一度将调兵遣将的虎符改为了龟符，可见人们对龟是多么推崇。

而龟的好朋友鹤，在中国古代传说中是仙禽，往往是仙人的坐骑。《淮南子》中就有"鹤寿千岁，以极其游"的语句，传说中的老寿星常常驾着仙鹤出现。

因为这对好朋友象征着美好，古人很喜欢把它们放在一起，寓意龟鹤齐龄、龟鹤延年。明清两代的皇宫、园林以及高规格的寺庙建筑中，经常出现铜龟和铜鹤的身影，表达着皇帝们希望自己长寿、江山永固的愿望。

那铜龟铜鹤仅仅是表达美好愿望的摆设吗？其实，它们最重要的用处是皇家的香炉。每当皇帝举办盛典之前，宫人们就要悄悄地打开位于龟背和鹤背的活盖，把檀香、松柏籽放进它们的身体里。盛典开始前，宫人们引燃香料，袅袅香烟就会从铜龟或铜鹤的口中喷出来，飘散到整个广场上。皇帝在香气缭绕中举行大礼，显得神秘又威严。

故宫铜鹤的后背可以打开,放进香料,铜鹤就变成了一个大香炉。

像长颈鹿的神兽究竟是什么

明成祖十二年（1414年），榜葛剌（今孟加拉国）的使臣跟随第四次下西洋的郑和船队来到北京。他们为明朝皇帝带来了一份特殊的礼物，一只大明朝谁也没见过的异兽。这只异兽一身豹纹，身材高大，尤其是它的脖子又细又长，比一个人还长，看起来又威武又高贵。不但当时的皇帝明成祖朱棣和大臣们觉得新鲜，举国上下的百姓也都对这个异兽议论纷纷。这到底是一种什么动物呢？

明成祖朱棣之前虽然没有见过这种动物，但是他深信，这只异兽就是古人传说中的瑞兽麒麟。要知道，祖先说过，每当麒麟出现就预示着有好事要发生，象征帝王大业有成。皇帝兴致勃勃地赏赐了榜葛剌的国王4段锦和60匹绫，还命令翰林院学士沈度为这只"麒麟"绘出画像，这张画被称为《瑞应麒麟图》。

大家一看，皇帝这么高兴，这可真难得！大家都开始想方设法地寻找这种"麒麟"送给明成祖。不但外国使臣不断给明朝进献"麒麟"，就连郑和的船队也主动在途中寻找"麒麟"带回宫里。

那么这个珍奇的动物真的是古人传说中的麒麟吗？

其实啊，麒麟据说只在遥远的古代曾经出现过，明成祖收到的礼物并不是麒麟，而是美丽的长颈鹿。只是因为长颈鹿的模样和传说中的麒麟很相似，并且榜葛剌语中"长颈鹿"一词的发音也类似汉语的"麒麟"，皇帝便误把长颈鹿当作麒麟啦。

怪兽图谱：麒麟

怪兽身份：赐福之兽
怪兽性格：威严、凶猛

后来，宫里的工匠们就以沈度的那张画为基础，再根据传说，塑造出很多麒麟的形象。不过呢，宫里的麒麟和远古的麒麟并不太一样。

在明朝以前，麒麟的形象集狮头、鹿角、虎眼、麋身、龙鳞、牛尾于一体，还有一个雄壮的角，模样看起来有点儿凶猛。麒麟被称为圣兽王，与凤、龟、龙共称为"四灵"。

关于麒麟还有一段和孔子有关的故事呢。传说孔子的父亲与母亲十分希望能有一个健康聪慧的儿子，就一起到尼山祈祷。没想到不久之后的一天夜里，有一头麒麟来到孔家所在那条街上，它长得像鹿，头上长着肉角，尾巴像牛尾，全身披有鳞甲，走路非常轻，虽有"蹄子"，却几乎不发出一丝声响。

更奇怪的是，麒麟还从嘴里吐出一本玉书，上面写着"水精之子孙，衰周而素王，征在贤明"。第二天，孔家传来婴儿响亮的啼哭声，孔子诞生了。

孔子家人非常高兴，认为这是麒麟送来的好运。后来孔子经过刻苦学习，成为卓有成就的一代圣人。直到今天，在文庙中还有"麟吐玉"的装饰，人们用它来表示祥瑞降临。

麒麟长得虽然凶猛，但性情却非常和善，头上有角但不伤害人和动物，所以又被称为"仁兽"，古人相信"麒麟出而天下太平"的说法。

故宫麒麟

紫禁城里的麒麟被放在了皇太后居住的慈宁宫，还有后妃们经常散步的御花园里。

宫里的翻译官甪端

在中国古代有一位打仗很厉害的人叫铁木真。铁木真建立了大蒙古国，即大汗位，号成吉思汗，并亲自率领军队打败了西夏，又远征花剌子模及中亚、西亚等地，战无不胜。

成吉思汗如此厉害，好像已经没有人能够阻挡他前进的步伐，可是，在《元史》里却记录了一只怪兽让他退兵的传说。

公元 1224 年，成吉思汗带领大军追捕敌人，到达东印度，驻守在铁门关。有一天，一只怪兽忽然出现在军队前面，它浑身绿色，头上长着犀牛一样的独角，身体像鹿，却长着一条马尾巴，样子十分奇怪。

更奇特的是，这只怪兽居然能像人一样大声说话，它一脸正气地对着侍卫说："你们的主人应该尽早还朝。"侍卫赶紧把这个怪事告诉了成吉思汗，成吉思汗觉得十分稀奇，就找来知识渊博的大臣耶律楚材询问。

耶律楚材果然见多识广，他告诉成吉思汗："这是一种瑞兽，名叫甪（lù）端。它会说各国的语言，喜欢生灵，厌恶杀戮。这是上天派来告诫陛下的。因为陛下是天的儿子，而天下之人都是陛下的臣子。希望陛下能保全天下百姓的性命。"成吉思汗沉思了片刻，决定停止进攻，率领军队返回蒙古。

怪兽图谱：甪端

神兽身份：翻译官
神兽特征：很强的语言天赋，能言善辩

故宫博物院珍藏的掐丝珐琅甪端，体态丰满，四肢粗壮有力，昂首向上，双目炯炯，身上还有深浅不一的鳞片和火焰纹装饰。

甪端一句话就能劝退蒙古大军，厉害不厉害？作为神话传说中的瑞兽，它长得和麒麟差不多，长着独角，狮身龙背，鱼鳞牛尾，身高数十丈。传说它一天能跑一万八千里。人们传说，甪端只出现在贤明的君主面前。

它的名字为何叫"甪"呢？这个字看起来是不是像"角"？有人考证说，角字笔画为七画，字头如双角，指的是双角兽的角，而甪字为六画，字头如独角，指的是独角兽的角。不过，《辞海》里说，"甪"是"角"字的变体，所以"甪端"也经常被写作"角端"。

专家们考证，甪端在远古只是珍禽异兽中普通的一员，没有被当作神兽，汉代有一种角端弓，相传就是用它的角加工而成的。到了宋朝，甪端被人们认定是通晓各种语言的神兽，于是，它就成了一名光荣的"翻译官"。

皇帝居住的养心殿的宝座两侧，就摆着一对甪端，表示皇帝为有道明君，能听到天下各种声音，不出门而知全天下，八方归顺，四海来朝。

这对甪端可不光是漂亮好看——它和铜鹤铜龟相似，身体都是空的，是一对香薰炉。放上香料，点燃后，袅袅轻烟从甪端的大嘴里飘出来，使大殿的氛围变得更加凝重庄严。

老实憨厚的"仪仗官"大象

要说故宫里面形态最反常的怪兽,要算是御花园里面的鎏金铜象了。它披着有龙纹的华丽毯子,却"倒跪"在台子上,和现实中大象前腿的跪地姿势正好相反。

这对大象,东、西各有一头,铜象高1.1米,长1.6米,宽0.8米,身材高大。它的一双眼睛向下看着,长长的鼻子收卷起来,神情虔诚无比,好像在迎接自己的主人。

大象的头部被套住,胸上有革带,脖子上挂着铜铃。大

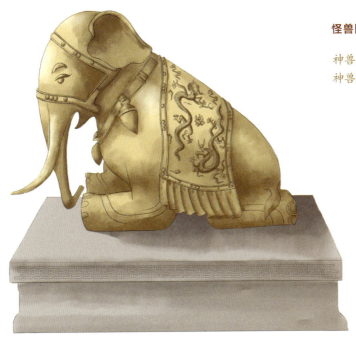

怪兽图谱:大象

神兽身份:仪仗官
神兽性格:老实憨厚、踏实肯干

象为什么要"倒跪"呢？原来，"负跪吉象"即"富贵吉祥"的谐音，也有着美好的寓意呢。

大象是陆地上现存的个头最大的哺乳动物，在我国大约有5000年的历史。因为它力气大，性情温和又安详端庄，人们往往把它视为友好的动物朋友。后来大象也慢慢变成皇家仪仗队里的重要成员。

意大利人马可·波罗在《马可·波罗游记》中提到：元朝在元旦等重大节日时，"皇帝的象队达五千头，全部披上用金银线绣成鸟兽图案的富丽堂皇的象衣一队一队摆队，每头象的背上放着两个匣子，里面满满装着宫廷用的金属杯盘和其他器具。象队后面是骆驼队，同样载着各种各样必需的用具，当整个队伍排好之后，列队从皇帝的面前经过，蔚为壮观。"

明朝的时候，北京曾经饲养了大量的象，还设有专门的"象房"。据《明宫史》记载，明代的象房在两个地方，城东的象房由御马监管理，里面有九头大象，一头住一间房子。城西的象房在宣武门西城墙北，这里饲养的大象由锦衣卫管理，用于大朝会和驾辇驮宝等。清朝的时候，朝廷也设了驯象所东、西二司，用来驯养"皇帝卤簿"（仪仗）使用的大象。

吉祥威风、老实憨厚的"仪仗官"，绝大多数时候都会舒舒服服地生活在象房里，由专人照顾，只有当皇帝登基、大婚、举行皇家大典的时候，它才盛装打扮，随盛大的皇家仪仗出行，以"卤簿"的形象出现在紫禁城内显要位置，一般在午门南边。作为"仪仗官",它们甚至有自己的品阶官位,立功了有奖,犯错误受罚。

有时候,大象背上还驮着一个宝瓶,取意"太平有象"。据说舜是中国历史上第一个驯服野象的人,他能让大象像牛一样耕田。相传在舜死之后,陵墓前曾出现大象刨土、彩雀衔泥的吉祥景象,这应该是"太平有象"最早的传说啦。

后来,皇宫里真正的大象慢慢少了,但是大象作为神兽,它的形象还是留在了皇宫的很多地方。皇帝相信大象具有驱逐鬼怪的本领,就有人安排了铜象蹲伏在紫禁城御花园内的后门两侧,御花园的安全就有了保证。这也反映了皇帝期盼国泰民安、江山稳固的美好愿望。

写给孩子的话

故宫里的动物朋友们,既有神话色彩,也有建筑功能,它们伴随着故宫从历史走到今天,默默守望着这片宫殿。这些怪兽朋友,都是故宫大家庭里的一员。它们有的喜欢在天空飞翔,有的喜欢在水底遨游,有的喜欢在陆地奔跑,有的喜欢在野外流浪,也有的喜欢在人类的房子里安家……这本书,让我们认识了这些有趣的朋友。

大怪兽来自古老神秘的神话世界,有着通天的神奇本领,这些怪兽朋友的身上,寄托着古人美好的愿望和期待。自从来到皇宫之后,它们就爱上了这里,守护着这里。怪兽朋友十分调皮,喜欢玩捉迷藏,悄悄把自己隐藏在皇宫的一处神秘角落里,等着和你相遇。

小朋友,看了这本书,你有信心找到这些神秘的怪兽吗?